高等职业技术教育"十二五"规划教材——工程测量技术类

工程控制测量任务报告书

主　编　杨　柳　　左智刚
主　审　孟鲁闽

西南交通大学出版社
·成　都·

图书在版编目（CIP）数据

工程控制测量任务报告书/杨柳，左智刚主编.—成都：西南交通大学出版社，2014.1（2020.7 重印）
高等职业技术教育"十二五"规划教材.工程测量技术类

ISBN 978-7-5643-2328-8

Ⅰ.①工… Ⅱ.①杨… ②左… Ⅲ.①工程测量－控制测量－高等职业教育－教材 Ⅳ.①TB22

中国版本图书馆 CIP 数据核字（2014）第 008544 号

高等职业技术教育"十二五"规划教材——工程测量技术类
工程控制测量任务报告书
主编 杨 柳 左智刚

责 任 编 辑	王 旻
封 面 设 计	墨创文化
	西南交通大学出版社
出 版 发 行	（四川省成都市金牛区二环路北一段 111 号 西南交通大学创新大厦 21 楼）
发行部电话	028-87600564　028-87600533
邮 政 编 码	610031
网　　　址	http://press.swjtu.edu.cn
印　　　刷	四川煤田地质制图印刷厂
成 品 尺 寸	185 mm×260 mm
印　　　张	4.5
字　　　数	109 千字
版　　　次	2014 年 1 月第 1 版
印　　　次	2020 年 7 月第 2 次
书　　　号	ISBN 978-7-5643-2328-8
定　　　价	15.00 元

图书如有印装质量问题　本社负责退换
版权所有　盗版必究　举报电话：028-87600562

前　言

本书是与《工程控制测量》教材配套的任务报告书。按照高等职业技术教育培养高端技能型人才的目标，根据工程测量技术专业职业能力的需求，将理论和实践融为一体，充分体现了学生技能的培养。

全书共有 8 个任务，由陕西铁路工程职业技术学院杨柳、中铁二十局左智刚主编，孟鲁闽主审。在编写过程中，编者参阅了大量的文献，引用了同类书刊中的一些资料，在此，谨向其作者表示谢意！

由于编者水平有限，书中存在不妥之处，恳请读者和同行批评指正！

编　者
2013 年 10 月

目 录

测量须知 …………………………………………………………………………………… 1
    任务 1.1 图根导线控制测量 …………………………………………………… 4
    任务 1.2 精密导线控制测量 …………………………………………………… 10
    任务 1.3 坐标间的转换与换带计算 …………………………………………… 24
    任务 1.4 三角形网控制测量 …………………………………………………… 30
    任务 1.5 GPS 控制测量 ………………………………………………………… 38
    任务 2.1 四等水准控制测量 …………………………………………………… 45
    任务 2.2 二等水准控制测量 …………………………………………………… 51
    任务 2.3 三角高程控制测量 …………………………………………………… 58

参考文献 …………………………………………………………………………………… 65

测量须知

一、准备工作

（1）任务实施前，应明确教学的目的和内容、测量的操作方法和步骤，以及有关的注意事项，明确测量的技术要求和精度指标，使测量任务能顺利按计划完成。

（2）按任务中提出的要求，在任务实施前准备好所需的仪器及工具。

二、学习要求

（1）任务分小组进行，正组长负责组织和协调任务中的各项工作，副组长负责仪器工具的借领、保管和归还等。

（2）对任务中的每个环节，小组内每人均应轮流操作，任务报告书应独立完成。

（3）任务应在规定时间内进行，不得无故缺席、迟到或早退；任务应在指定地点进行，不得擅自变更地点。

（4）严格遵守"测量仪器工具的借用规则"和"测量记录与计算规则"。

（5）严格按照规定的方法和程序，认真、仔细地操作，确保测量成果的质量。

（6）在任务实施过程中，出现仪器故障、工具损坏和丢失等情况时，必须及时向指导教师报告，不可随意自行处理。

（7）任务结束后，应及时把任务报告书交指导教师审阅。

三、测量仪器工具的借用规则

测量仪器一般都比较重，对测量仪器的正确使用、精心爱护和科学保养，是测量工作人员必须具备的素质和应该掌握的技能，也是保证测量成果质量、提高工作效率和延长仪器工具使用寿命的必要条件。测量仪器工具的借用必须遵守以下规则：

（1）以小组为单位凭有效证件前往测量实验室，借领实训指导书上注明的仪器工具。

（2）借领时，应确认实物与实训指导书上所列仪器工具是否相符，仪器工具是否完好，仪器背带和提手是否牢固。如有缺损，立即补领或更换。借领时，各组依次由1~2人进入室内，在指定地点清点、检查仪器和工具，然后在登记表上填写班级、组号及日期。借领人签名后将登记表及学生证交管理人员。

（3）仪器搬运前，应检查仪器箱是否锁好，搬运仪器工具时，应轻拿轻放，避免剧烈振动和碰撞。

（4）任务实施过程中，各组应妥善保护仪器、工具。各组间不得任意调换仪器、工具。

（5）仪器工具若有损坏或遗失，应填写报告单说明情况，并按有关规定给予赔偿。

四、测量仪器、工具的正确使用和维护

1. 打开仪器箱时的注意事项

（1）仪器箱应平放在地面上或其他台子上才能开箱，不要托在手上或抱在怀里开箱，以免不小心将仪器摔坏。

（2）开箱后未取出仪器前，要注意仪器安放的位置与方向，以免用毕装箱时因安放位置不正确而损伤仪器。

2. 自箱内取出仪器时的注意事项

（1）不论何种仪器，在取出前一定要先放松制动螺旋，以免取出仪器时因强行扭转而损坏制、微动装置，甚至损坏轴系。

（2）自箱内取出仪器时，应一手握住照准部支架，另一手扶住基座部分，轻拿轻放，不要用一只手抓仪器。

（3）自箱内取出仪器后，要随即将仪器箱盖好，以免沙土、杂草等不洁之物进入箱内。还要防止搬动仪器时丢失附件。

（4）取仪器和使用过程中，要注意避免触摸仪器的目镜、物镜，以免玷污，影响成像质量。不允许用手指或手帕等物去擦仪器的目镜、物镜等光学部分。

3. 架设仪器时的注意事项

（1）伸缩式脚架三条腿抽出后，要把固定螺旋拧紧，但不可用力过猛而造成螺旋滑丝；防止因螺旋未拧紧而使脚架自行收缩而摔坏仪器。三条腿拉出的长度要适中。

（2）架设脚架时，三条腿分开的跨度要适中。并得太靠拢易被碰倒，分得太开易滑，都会造成事故。若在斜坡上架设仪器，应使两条腿在坡下（可稍放长），一条腿在坡上（可稍缩短）。若在光滑地面上架设仪器，要采取安全措施，防止滑动摔坏仪器。

（3）架设仪器时，应使架头大致水平（安置全站仪的脚架时，架头的中央圆孔应大致与地面测站点对中），若地面为泥土地面，应将脚架尖踩入土中，以防仪器下沉。

（4）从仪器箱取出仪器时，应一手握住照准部支架，另一手扶住基座部分，然后将仪器轻轻安放到三脚架头上。一手仍握住照准部支架，另一手将中心连接螺旋旋入基座底板的连接孔内旋紧。预防因忘记拧上中心连接螺旋或拧得不紧而摔坏仪器。

（5）仪器箱多为薄木板或塑料制成，不能承重，故不可踏、坐仪器箱。

4. 仪器在使用过程中要做到

（1）在阳光下或雨天作业时必须撑伞，防止日晒和雨淋（包括仪器箱）。

（2）任何时候仪器旁必须有人守护，禁止无关人员搬弄和防止行人车辆碰撞。

（3）如遇目镜、物镜外表面蒙上水汽而影响观测，应稍等一会儿或用纸片扇风使水汽散尽；如镜头有灰尘应用仪器箱中的软毛刷拂去或用镜头纸轻轻拭去。严禁用手指或手帕等物擦拭，以免损坏镜头上的药膜。观测结束后应及时安上物镜盖。

（4）转动仪器时，应先松开制动螺旋，然后平稳转动。使用微动螺旋时，应先旋紧制动螺旋。

（5）操作仪器时，用力要均匀，动作要准确轻缓。用力过大或动作太猛都会造成仪器损伤。制动螺旋不能拧得太紧，微动螺旋和脚螺旋不要旋到顶端，宜使用中段螺纹。使用各种螺旋不要用力过大或动作太猛，应用力均匀，以免损伤螺纹。

（6）仪器用毕装箱前要放松各制动螺旋，装入箱内要试合一下，在确认安放正确后，将各部制动螺旋略为旋紧，防止仪器在箱内自由转动而损坏某些部件。

（7）清点箱内附件，若无缺失则将箱盖合上、扣紧、锁好。

（8）仪器发生故障时，应立即停止使用，并及时向指导教师报告，不得擅自处理。

5. 仪器的搬迁

（1）远距离迁站或通过行走不便的地区时，必须将仪器装箱后再迁站。

（2）近距离且平坦地区迁站时，可将仪器连同脚架一同搬迁，其方法是：先检查连接螺旋是否旋紧，然后松开各制动螺旋使仪器保持初始位置（经纬仪望远镜物镜对向度盘中心，水准仪物镜向后），再收拢三脚架，一手托住仪器的支架或基座于胸前，一手抱住脚架放在肋下，稳步行走。严禁斜扛仪器，以防碰摔。

（3）迁站时，应清点所有的仪器和工具，防止丢失。

6. 仪器的装箱

（1）仪器使用完后，应及时清除仪器上的灰尘和仪器箱、脚架上的泥土，套上物镜盖。

（2）仪器拆卸时，应先松开各制动螺旋，将脚螺旋旋至中段大致同高的地方，再一手握住照准部支架，另一手将中心连接螺旋旋开，双手将仪器取下装箱。

（3）仪器装箱时，使仪器就位正确，试合箱盖确认放妥后，再拧紧各制动螺旋，检查仪器箱内的附件是否缺少，然后关箱上锁。若箱盖合不上，说明仪器位置未放置正确或未将脚螺旋旋至中段，应重放，切不可强压箱盖，以免压坏仪器。

（4）清点所有的仪器和工具，防止丢失。

7. 测量记录与计算规则

（1）记录必须直接填在规定的表格内，不得用其他纸张记录，再行转抄。

（2）凡记录表格上规定应填写的项目不得空白。

（3）观测者读数后，记录者应立即回报读数，经核实后再记录。

（4）所有记录与计算均用铅笔，字体应端正清晰、整齐、完整，严禁涂改数据。

（5）每测站观测结束后，必须在现场完成规定的计算和检核，确认无误后方可迁站。

任务 1.1 图根导线控制测量

一、任务安排

项目 1	平面控制测量
任务 1.1	图根导线控制测量
内容	为了学校进一步规划建设需要，现需要学校的 1:500 的地形图一张，但校园内没有足够的测图控制点。为了满足测图需要，请根据图根导线的技术要求，在校内实训基地布设图根导线，完成导线观测、记录、计算、数据处理等任务，为后续数字测图提供控制服务。 已知点信息如表 1-1-1 所示
分组与仪器工具	每组 5 人，配备全站仪 1 套，棱镜 2 个，对中杆 2 个，备用电池 1 块。任务报告书、铅笔、小刀等文具用品自备
目标要求	参考配套教材中的教学目标要求（知识目标和能力目标）
技术要求	可参见表 1-1-2
注意事项	1. 在观测之前，应检查仪器的 $2c$ 值与指标差，如果不能满足要求应做相应的仪器校准； 2. 在搬站的过程中应轻拿轻放； 3. 瞄准目标位置应统一，比如全部瞄准棱镜中心或觇标中心； 4. 角度与距离的测回数应严格按规范要求执行； 5. 应使用铅笔记录数据； 6. 数据记录应清晰、整齐、完整，且不可胡乱涂改

表 1-1-1 已知点信息

点号	X 坐标	Y 坐标	高程 H	地 点
KG30	77 964.469	100 067.475	381.286	考工 30 号点
CL6	77 965.415	100 135.208	382.076	文体中心门口下第一个点
CL1	77 920.775	100 032.510		家属院拐弯处
CL2	77 839.882	100 030.640		保健站公告牌下
CL2-1	77 843.108	100 121.947		B 楼大厅前
CL3	77 842.352	100 210.740		1 号公寓前
CL4	77 927.119	100 214.461		操场北门十字路东北角
CL5	77 920.245	100 144.099		操场十字路东南角中间点

表 1-1-2　图根导线测量的主要技术要求

比例尺	导线长度/m	平均边长/m	导线全长相对闭合差	测角测回数		方位角闭合差/(″)		测角中误差/(″)	
				DJ_2	DJ_6	一般	首级	一般	首级
1∶500	≤500	100	≤1/2 000	1	1	$\pm 60\sqrt{n}$	$\pm 40\sqrt{n}$	30	20
1∶1 000	≤1 000	150							
1∶2 000	≤2 000	250							

二、实施方法与步骤

（1）指导教师制订场地选点，并讲解导线测量记录、技术要求和注意事项。
（2）每组学生根据已知的两个控制点，在测区选点，布设导线。
（3）边长测量。每条边往返测各 1 次。
（4）转折角测量。利用测回法每个角测 1 个测回。
（5）坐标计算（利用手工或软件）。根据已知点的坐标、已知边的坐标方位角以及观测的角度、距离推算其他各点的坐标。软件计算可参考配套教材。

三、任务报告书

1. 记录计算表（见表 1-1-3）

表 1-1-3　全站仪导线记录表

测站	镜站	水平角观测				测距/m	一测回角度值
		正镜	倒镜	2c	半测回角度		
	后视：						
	前视：						
	后视：						
	前视：						
	后视：						
	前视：						
	后视：						
	前视：						
测　　量			记录			复核	测量日期

续表 1-1-3

测站	镜站	水平角观测				测距/m	一测回角度值
		正镜	倒镜	2c	半测回角度		
	后视:						
	前视:						
	后视:						
	前视:						
	后视:						
	前视:						
	后视:						
	前视:						
	后视:						
	前视:						
	后视:						
	前视:						
	后视:						
	前视:						
	后视:						
	前视:						
	后视:						
	前视:						
	后视:						
	前视:						
测　　量		记　录			复核		测量日期

2. 图根导线平差成果表（见表 1-4-1）

表 1-1-4　图根导线平差成果表

点号	观测值/(° ′ ″)	改正数/(″)	改正后角值/(° ′ ″)	方位角/(° ′ ″)	边长/m	坐标增量		改正后坐标增量		坐标	
						Δx/m	Δy/m	$\Delta x'$/m	$\Delta y'$/m	X/m	Y/m
辅助计算											

注：数据处理可参见教材。

3. 控制网图

图根导线点布置示意图

4. 任务总结

任务 1.2　精密导线控制测量

一、任务安排

项目1	平面控制测量
任务1.2	精密导线控制测量
内容	根据一级导线的技术要求，编写技术设计书，在校内实训基地布设导线控制网，完成导线的观测、记录、数据处理及成果报告的编写等工作，为后续的工程放样、数字测图等提供控制服务。 已知点信息参见表1-1-1
分组与仪器工具	每组5人，配备全站仪1套，带统一基座棱镜2套，备用电池1块。任务报告书、铅笔、小刀等文具用品自备
目标要求	参考配套教材中的教学目标要求（知识目标和能力目标）
技术要求	可参见表1-2-1、表1-2-2
注意事项	1. 在观测之前，应检查仪器的2c值与指标差，如果不能满足要求应做相应的仪器校准； 2. 在搬站的过程中应轻拿轻放； 3. 搬站后应检查对中、整平情况； 4. 瞄准目标位置应统一，比如全部瞄准棱镜中心或觇标中心； 5. 角度与距离的测回数应严格按规范要求执行； 6. 应使用铅笔记录数据； 7. 数据记录应清晰、整齐、完整，且不可胡乱涂改

表1-2-1　导线测量的主要技术要求

等级	导线长度/km	平均边长/km	测角中误差/(″)	测距中误差/mm	测距相对中误差	测回数 1″级仪器	测回数 2″级仪器	测回数 6″级仪器	方位角闭合差/(″)	导线全长相对闭合差
三等	14	3	1.8	20	1/150 000	6	10	—	$3.6\sqrt{n}$	≤1/55 000
四等	9	1.5	2.5	18	1/80 000	4	6	—	$5\sqrt{n}$	≤1/35 000
一级	4	0.5	5	15	1/30 000	—	2	4	$10\sqrt{n}$	≤1/15 000
二级	2.4	0.25	8	15	1/14 000	—	1	3	$16\sqrt{n}$	≤1/10 000
三级	1.2	0.1	12	15	1/7 000	—	1	2	$24\sqrt{n}$	≤1/5 000

表 1-2-2 测距的主要技术要求

等 级	测距仪精度等级	每边测回数		一测回读数较差限差 /mm	测回间较差限差 /mm
		往测	返测		
一级及以下	$m_d \leq 2$ mm	1	1	2	—
	2 mm $\leq m_d \leq$ 5 mm			5	—
	5 mm $\leq m_d \leq$ 10 mm	2	2	10	15
	10 mm $\leq m_d \leq$ 20 mm			20	30

二、实施方法与步骤

（1）指导教师制订场地选点，并讲解导线测量记录、技术要求和注意事项。

（2）每组学生根据已知的两个控制点，在测区选点，布设导线。

（3）边长测量。每条边往返测各 2 次。

（4）转折角测量。利用测回法每个角测 4 个测回。

（5）坐标计算（利用手工或软件）。根据已知点的坐标、已知边的坐标方位角以及观测的角度、距离推算其他各点的坐标。软件计算可参考配套教材。

三、任务报告书

1. 技术设计书编写

2. 记录计算表（见表1-2-3）

表1-2-3　全站仪导线记录表

任务名称			导线线路				略图
测　站			等　级		仪器型号		
气　压			天　气		加常数		
气　温			成　像		乘常数		

测回数	镜站	水平角观测				测距/m		一测回角度值
		正镜	倒镜	$2c$	半测回角度	正镜	倒镜	
1	后视：							
	前视：							
2	后视：							
	前视：							
3	后视：							
	前视：							
4	后视：							
	前视：							

角度平均值	° ′ ″	距离平均值	测站—后视：_____ m 测站—前视：_____ m	
测量		记录	复核	测量日期

续表 1-2-3

任务名称			导线线路				略图	
测 站			等 级		仪器型号			
气 压			天 气		加常数			
气 温			成 像		乘常数			

测回数	镜站	水平角观测				测距/m		一测回角度值
		正镜	倒镜	$2c$	半测回角度	正镜	倒镜	
1	后视：							
	前视：							
2	后视：							
	前视：							
3	后视：							
	前视：							
4	后视：							
	前视：							

角度平均值	° ′ ″	距离平均值		测站—后视：_____ m 测站—前视：_____ m	
测量		记录		复核	测量日期

续表 1-2-3

任务名称			导线线路				略图	
测　站			等　级			仪器型号		
气　压			天　气			加常数		
气　温			成　像			乘常数		

测回数	镜站	水平角观测				测距/m		一测回角度值
		正镜	倒镜	2c	半测回角度	正镜	倒镜	
1	后视：							
	前视：							
2	后视：							
	前视：							
3	后视：							
	前视：							
4	后视：							
	前视：							

角度平均值	° ′ ″	距离平均值		测站—后视：_____ m 测站—前视：_____ m	
测量		记录	复核		测量日期

续表 1-2-3

任务名称			导线线路				略图
测 站			等 级		仪器型号		
气 压			天 气		加常数		
气 温			成 像		乘常数		

测回数	镜站	水平角观测				测距/m		一测回角度值
		正镜	倒镜	2c	半测回角度	正镜	倒镜	
1	后视：							
	前视：							
2	后视：							
	前视：							
3	后视：							
	前视：							
4	后视：							
	前视：							
角度平均值	° ′ ″			距离平均值		测站—后视：_____ m 测站—前视：_____ m		
测量			记录		复核	测量日期	

续表 1-2-3

任务名称			导线线路				略图	
测 站			等 级		仪器型号			
气 压			天 气		加常数			
气 温			成 像		乘常数			
测回数	镜站	水平角观测				测距/m		一测回角度值
		正镜	倒镜	2c	半测回角度	正镜	倒镜	
1	后视:							
	前视:							
2	后视:							
	前视:							
3	后视:							
	前视:							
4	后视:							
	前视:							
角度平均值 ___°___′___″				距离平均值		测站—后视：_____ m 测站—前视：_____ m		
测量			记录			复核	测量日期	

续表 1-2-3

任务名称			导线线路				略图	
测　站			等　级		仪器型号			
气　压			天　气		加常数			
气　温			成　像		乘常数			

测回数	镜站	水平角观测				测距/m		一测回角度值
		正镜	倒镜	$2c$	半测回角度	正镜	倒镜	
1	后视：							
	前视：							
2	后视：							
	前视：							
3	后视：							
	前视：							
4	后视：							
	前视：							

角度平均值	° ′ ″	距离平均值		测站—后视：_____ m 测站—前视：_____ m	
测量		记录		复核	测量日期

续表 1-2-3

任务名称			导线线路				略图	
测 站			等 级		仪器型号			
气 压			天 气		加常数			
气 温			成 像		乘常数			

测回数	镜站	水平角观测				测距/m		一测回角度值
		正镜	倒镜	$2c$	半测回角度	正镜	倒镜	
1	后视:							
	前视:							
2	后视:							
	前视:							
3	后视:							
	前视:							
4	后视:							
	前视:							

角度平均值	° ′ ″	距离平均值	测站—后视: _____ m 测站—前视: _____ m
测量		记录	复核	测量日期

续表 1-2-3

任务名称			导线线路				略图	
测站			等级		仪器型号			
气压			天气		加常数			
气温			成像		乘常数			

测回数	镜站	水平角观测				测距/m		一测回角度值
		正镜	倒镜	2c	半测回角度	正镜	倒镜	
1	后视:							
	前视:							
2	后视:							
	前视:							
3	后视:							
	前视:							
4	后视:							
	前视:							

角度平均值	° ′ ″	距离平均值	测站—后视：_____ m 测站—前视：_____ m	
测量		记录	复核	测量日期

3. 平面控制导线坐标平差成果表（见表1-2-4）

表1-2-4 平面控制导线坐标平差成果表

点号	观测值/(° ′ ″)	改正数/(″)	改正后角值/(° ′ ″)	方位角/(° ′ ″)	边长/m	坐标增量		改正后坐标增量		坐标	
						Δx/m	Δy/m	$\Delta x'$/m	$\Delta y'$/m	X/m	Y/m
辅助计算											

注：科傻软件数据处理可参见教材。

4. 控制网图

精密导线网布置示意图

5. 技术总结

任务 1.3 坐标间的转换与换带计算

一、任务安排

项目 1	平面控制测量
任务 1.3	坐标系间的转换与换带计算
内容	根据控制测量常用坐标及其间的转换关系、高斯投影换带计算以及工程独立坐标系建立的相关知识，利用提供的数据处理软件（科傻）完成坐标系间的转换与换带计算工作
设备配备	1. 每位学生配备计算机 1 台； 2. 配有科傻软件； 3. 每位学生配备任务书 1 本
目标要求	参考配套教材中的教学目标要求（知识目标和能力目标）
注意事项	1. 爱护机房设备； 2. 保持机房干净、卫生； 3. 切勿大声说话。

二、实施方法与步骤

（1）指导教师讲解，并示范坐标间的转换方法和换带计算方法及注意事项。
（2）按指导教师布置任务。
（3）学生上机操作。
具体操作方法可参见配套教材。

三、任务报告书

根据控制测量常用坐标及其间的转换关系、高斯投影换带计算，以及工程独立坐标系建立的相关知识，利用科傻软件对所提供的数据完成以下工作：

1. 不同坐标间的坐标转换

1）大地坐标与空间直角坐标间的转换

（1）空间直角坐标到大地坐标的转换（采用北京 54 坐标系）（见表 1-3-1）。

表 1-3-1　空间直角坐标转大地坐标

点号	转换前的坐标			转换后的坐标		
	X（北坐标）/m	Y（东坐标）/m	Z（高程）/m	B（大地纬度）/(° ′ ″)	L（大地经度）/(° ′ ″)	H（大地高）/m
CPI111	−992 380.392 6	4 955 892.199 6	3 883 246.522 8			
CPI112	−991 948.620 3	4 955 485.400 3	3 883 894.746 9			
CPI113	−990 322.603 1	4 951 453.606 6	3 889 451.318 2			

（2）大地坐标到空间直角坐标的转换（采用北京54坐标系）（见表1-3-2）。

表 1-3-2　大地坐标转空间直角坐标

点号	转换前的坐标			转换后的坐标		
	B（大地纬度）/(° ′ ″)	L（大地经度）/(° ′ ″)	H（大地高）/m	X（北坐标）/m	Y（东坐标 m）/m	Z（高程）/m
G000	23.055 898 725	113.185 217 926	44.587 4			
G010	23.080 138 169	113.152 952 751	38.707 6			
G013	23.054 536 175	113.163 472 101	51.508 0			

2）不同空间直角坐标的转换

现提供新旧空间直角坐标系中的公共控制点6个，请利用科傻软件计算出两个坐标系间的转换参数，并计算出旧坐标系中3个控制点坐标在新坐标系下的坐标。计算数据如表1-3-3所示。

表 1-3-3　两种不同空间直角坐标间的转换

点号	公　共　点					
	旧坐标系坐标			新坐标系坐标		
	X_1	Y_1	Z_1	X_2	Y_2	Z_2
CPI11	−2 850 017.4 720	4 690 744.5 225	3 237 959.9 725	−2 850 023.9 497	4 680 915.4 702	3 237 036.8 089
CPI12	−2 838 514.0 744	4 704 426.8 235	3 228 266.3 341	−2 838 520.5 570	4 694 597.9 568	3 227 343.6 466
CPI34	−2 865 534.8 833	4 672 522.4 133	3 250 504.9 271	−2 865 541.3 037	4 662 693.0 793	3 249 581.2 094
CPI36	−2 831 988.2 672	4 639 803.8 041	3 325 394.3 271	−2 831 996.3 411	4 629 974.7 937	3 324 471.1 958
CPI50	−2 828 112.6 536	4 649 775.2 984	3 314 823.5 928	−2 828 120.6 115	4 639 946.4 678	3 313 900.6 500
CPI54	−2 855 329.6 573	4 630 358.1 765	3 318 638.7 826	−2 855 337.4 429	4 620 529.0 691	3 317 715.1 436

续表 1-3-3

点号	非公共点			
	旧坐标系坐标			新坐标系坐标
CPI28	−2 862 670.7 160	4 637 795.9 658	3 302 008.5 427	
CPI29	−2 878 560.5 480	4 633 657.4 681	3 294 040.3 134	
CPI30	−2 848 021.5 252	4 645 925.4 533	3 303 239.1 758	

3）大地坐标与高斯平面坐标间的转换

测区坐标采用 2000 国家大地坐标系，中央子午线经度为 101°15′，投影面大地高为 0 m，现需要将大地坐标转换成高斯平面坐标。计算数据如表 1-3-4 所示。将高斯平面坐标转大地坐标如表 1-3-5 所示。

表 1-3-4　大地坐标转高斯平面坐标（高斯正算）

点号	转换前的坐标		转换后的坐标	
	B（大地纬度）/(° ′ ″)	L（大地经度）/(° ′ ″)	X（北坐标）/m	Y（东坐标）/m
CPI111	37.431 694 179	101.192 385 602		
CPI112	37.434 315 525	101.190 983 666		
CPI113	37.473 036 641	101.183 703 394		

表 1-3-5　高斯平面坐标转大地坐标（高斯反算）

点号	转换前的坐标		转换后的坐标	
	X（北坐标）/m	Y（东坐标）/m	B（大地纬度）/(° ′ ″)	L（大地经度）/(° ′ ″)
CPI61	2 598 512.385 8	−496 864.015 7		
CPI62	2 591 244.520 2	−501 115.602 6		
CPI63	2 590 498.295 6	−502 415.728 1		

2. 利用科傻软件进行高斯投影换带计算

已知换带计算前和换带计算后的参考椭球和投影大地高相同，现要求将中央子午线经度为 104°这个投影带的坐标转换到中央子午线经度为 104°15′的投影带中去，已知数据如表 1-3-6 所示。换带后的坐标填入表 1-3-7。

表 1-3-6　换带前的坐标

采用 WGS-84 参考椭球，中央子午线经度 104°，投影大地高 2 000 m		
点号	设计坐标	
	X（北坐标）/m	Y（东坐标）/m
CPII776	2 837 577.098 3	487 420.020 3
CPII777	2 838 154.494 0	487 316.295 3

表 1-3-7　换带后的坐标

采用 WGS-84 参考椭球，中央子午线经度 104°15′，投影大地高 2 000 m		
点号	设计坐标	
	X（北坐标）/m	Y（东坐标）/m
CPII776		
CPII777		

3. 工程独立坐标系坐标的计算

（1）某工程测区从东向西延伸，地形起伏大，丘坡自然坡度较陡，大部分土地为山地、林地，少部分为农田，植被茂密，交通不便，通视条件差。为了限制投影变形，现需要做改变投影面而投影带不变的独立坐标系坐标的计算和变换中央子午线而投影面不变的独立坐标系坐标的计算。已知数据如表 1-3-8 所示。投影变换后的坐标填入表 1-3-9。

① 改变投影面而投影带不变的独立坐标系坐标的计算。

表 1-3-8　投影变换前的坐标

中央子午线经度 103°45′，投影大地高 1 970 m		
点号	设计坐标	
	X（北坐标）/m	Y（东坐标）/m
CPII787	2 832 459.364 1	502 638.932 6
CPII788	2 831 909.858 1	502 147.420 1

表 1-3-9　投影变换后的坐标

中央子午线经度 103°45′，投影大地高 1 910 m		
点号	设计坐标	
	X（北坐标）/m	Y（东坐标）/m
CPII787		
CPII788		

② 变换中央子午线而投影面不变的独立坐标系坐标的计算，投影变换前的坐标如表 1-3-10 所示，投影变换后的坐标填入表 1-3-11。

表 1-3-10　投影变换前的坐标

采用 54 参考椭球，中央子午线经度 104°，投影大地高 2 000 m		
点号	设计坐标	
	X（北坐标）/m	Y（东坐标）/m
CPII769	2 841 610.515 6	504 353.671 4
CPII770	2 841 220.402 8	503 596.742 4

表 1-3-11　投影变换后的坐标

采用 54 参考椭球，中央子午线经度 104°15′，投影大地高 2 000 m		
点号	设计坐标	
	X（北坐标）/m	Y（东坐标）/m
CPII769		
CPII770		

（2）既改变中央子午线又改变投影面的独立坐标系坐标的计算。现知某测区中的 CPI113 点横跨两个投影带，该工程所采用的坐标系为 2000 国家大地坐标系，投影带参数和已知数据如表 1-3-12 所示。为了限制投影变形，需要进行坐标换带计算。投影变换后的坐标填入表 1-3-13。

表 1-3-12　投影变换前的坐标

2000 国家大地坐标系基本椭球参数，中央子午线 101°15′，抵偿面正常高 3 530 m，大地高 3 490 m，高程异常 −40 m		
点号	设计坐标	
	X（北坐标）/m	Y（东坐标）/m
CPI113	4 186 688.211 3	505 313.103 5
CPI114	4 186 417.403 0	506 137.374 4

表 1-3-13　投影变换后的坐标

2000 国家大地坐标系基本椭球参数，中央子午线 101°00′，抵偿面正常高 3 360 m，大地高 3 320 m，高程异常 −40 m		
点号	设计坐标	
	X（北坐标）/m	Y（东坐标）/m
CPI113		
CPI114		

4. 任务总结

任务 1.4 三角形网控制测量

一、任务安排

项目 1	平面控制测量
任务 1.4	三角形控制测量
内容	根据一级三角网的技术要求,在实训基地布设大地四边形控制网,完成该网的观测、记录、计算、数据处理及成果报告的编写等任务,为后续的工程放样、数字测图等提供控制服务。 已知点信息可参见表 1-1-1
分组与仪器工具	每组 5 人,配备带统一基座的全站仪 1 套,棱镜 2 套,备用电池 1 块。任务报告书、铅笔、小刀等文具用品自备
目标要求	参考配套教材中的教学目标要求(知识目标和能力目标)
限差要求	可参见表 1-4-1、表 1-4-2
注意事项	1. 采用方向观测法测角; 2. 在观测之前,应检查仪器的 $2c$ 值与指标差,如果不能满足要求应做相应的仪器校准; 3. 在搬站的过程中应轻拿轻放; 4. 搬站后应检查对中、整平情况; 5. 瞄准目标位置应统一,比如全部瞄准棱镜中心或觇标中心; 6. 角度与距离的测回数应严格按规范要求执行; 7. 应使用铅笔记录数据; 8. 数据记录应清晰、整齐、完整,且不可胡乱涂改

表 1-4-1 水平角方向观测法的主要技术要求

等级	仪器等级	半测回归零差 /(″)	一测回内各方向 $2c$ 互差 /(″)	归零后同一方向各测回较差 /(″)
一级及以下	2″级仪器	12	18	12
	6″级仪器	18	—	24

注:当观测方向的垂直角超过 ±3° 的范围时,该方向 $2c$ 互差可按相邻测回同方向进行比较,其值应满足上表中一测回各方向 $2c$ 互差的限值。

表 1-4-2　三角形网测量的主要技术要求

等级	平均边长/km	测角中误差/(″)	测距相对中误差	最弱边边长相对中误差	测回数			三角形最大闭合差/(″)
					1″级仪器	2″级仪器	6″级仪器	
四等	2	2.5	1/100 000	1/40 000	4	6	—	9
一级	1	5	1/40 000	1/20 000	—	2	4	15
二级	0.5	10	1/20 000	1/10 000	—	1	2	30

二、实施方法与步骤

（1）指导教师制订场地选点，并讲解三角形控制测量记录、技术要求和注意事项。
（2）每组学生根据已知的两个控制点，在测区选点，布设成大地四边形。
（3）在每个测站点上，利用方向观测法观测水平角，并记录和计算。
（4）利用软件进行坐标计算。
软件计算操作方法可参考配套教材。

三、任务报告书

1. 技术设计书编写

2. 原始数据记录计算表（见表1-4-3）

表 1-4-3 记录计算表

测站点	测回数	目标点	水平方向值		2c/(″)	平均值 /(° ′ ″)	归零方向值 /(° ′ ″)	各测回平均归零方向值 /(° ′ ″)	水平角值 /(° ′ ″)
			盘左 /(° ′ ″)	盘右 /(° ′ ″)					
1	2	3	4	5	6	7	8	9	10

续表 1-4-3

测站点	测回数	目标点	水平方向值		2c/ (″)	平均值 / (° ′ ″)	归零方向值 / (° ′ ″)	各测回平均归零方向值 / (° ′ ″)	水平角值 / (° ′ ″)
			盘左 / (° ′ ″)	盘右 / (° ′ ″)					
1	2	3	4	5	6	7	8	9	10

续表 1-4-3

测站点	测回数	目标点	水平方向值		2c/(″)	平均值 /(° ′ ″)	归零方向值 /(° ′ ″)	各测回平均归零方向值 /(° ′ ″)	水平角值 /(° ′ ″)
			盘左 /(° ′ ″)	盘右 /(° ′ ″)					
1	2	3	4	5	6	7	8	9	10

3. 成果表（见表 1-4-4）

表 1-4-4　三角网平差计算成果表

测站点号	照准点点号	方向观测值 /(° ′ ″)	改正数 /(″)	改正后方向值 /(° ′ ″)	坐标	
					X/m	Y/m
精度说明						

注：数据处理可参见教材。

4. 任务技术总结

任务 1.5　GPS 控制测量

一、任务安排

项目 1	平面控制测量
任务 1.5	GPS 控制测量
内容	请依据《全球定位系统 GPS 测量规范》设计本区范围内的 E 级 GPS 控制网，进行 GPS 数据采集和数据处理，采用北京 54 坐标系，获得各控制点坐标。要求所布网满足本市区大比例尺地形图测绘的要求。 1. 根据测区的情况，选择合理的异步环连接方式； 2. 数据采集过程中，保证跟踪卫星数目始终不少于 4 颗，采样间隔 15 s，卫星高度截至角 15°； 3. 测量数据预处理时，设置测站属性；平差时分别采用自由网平差和二维约束平差。 4. 数据处理软件能够对观测结果进行精度评定。 已知点信息如表 1-5-1 所示
分组与仪器工具	每组 5 人，配备 GPS 接收机 1 套，备用电池 1 块。任务报告书、铅笔、小刀等文具用品自备
目标要求	参考配套教材中的教学目标要求（能力目标、知识目标、素质目标）
技术要求	可参见表 1-5-2、表 1-5-3
注意事项	1. 作业前，检查仪器工作状态是否正常，并熟悉常见问题解决办法； 2. 各小组按照作业调度表的要求进行观测，并量取每个观测时段仪器的天线高； 3. 外业观测完成之后，及时将数据导出，并妥善保存，以免丢失

表 1-5-1　已知点信息

点号	X 坐标	Y 坐标	高程 H	地点
KG30	77 964.469	100 067.475	381.286	考工 30 号点
CL6	77 965.415	100 135.208	382.076	文体中心门口下第一个点
CL1	77 920.775	100 032.510		家属院拐弯处
CL2	77 839.882	100 030.640		保健站公告牌下
CL2-1	77 843.108	100 121.947		B 楼大厅前
CL3	77 842.352	100 210.740		1 号公寓前
CL4	77 927.119	100 214.461		操场北门十字路东北角
CL5	77 920.245	100 144.099		操场十字路东南角中间点

表 1-5-2 GPS 网的精度分级及其 GPS 接收机

级别	A	B	C	D	E
固定误差 a/mm	≤5	≤8	≤10	≤10	≤10
比例误差 b/($\times 10^{-6}$)	≤0.1	≤1	≤5	≤10	≤20
单频/双频	双频	双频	双频或单频	双频或单频	双频或单频
标称精度	优于 5mm+0.5×10^{-6}	优于 5mm+1×10^{-6}	优于 10mm+2×10^{-6}	优于 10mm+3×10^{-6}	优于 10mm+3×10^{-6}
测量量	载波相位	载波相位	载波相位	载波相位	载波相位
同步观测接收机数	≥4	≥3	≥2	≥2	≥2
相邻点最小距离	100 km	15 100 km	5 km	2 km	1 km
相邻点最大距离	2 000 km	250 km	40 km	15 km	10 km
相邻点平均距离	300 km	70 km	15~10 km	10~5 km	5~2 km

表 1-5-3 各级 GPS 网作业基本技术规定

项目\级别	A	B	C	D	E
卫星高度角（1°）	≥10	≥15	≥15	≥15	≥5
有效观测卫星总数	≥12	≥9	≥6	≥4	≥3
时段中任一颗卫星有效观测时间	≥30 min	≥30 min	≥20 min	≥15 min	≥15 min
观测时段数	≥8	≥6	≥2	≥2	≥2
时段长度	≥180	≥120	≥90	≥60	≥6
数据采样间隔	15~16	15~60	15~60	15~60	15~60
PDOP 值	≤4	≤6	≤8	≤10	≤10

注：本次作业外业观测指标如下：
① 卫星高度角≥15°；
② 数据采样率 5″；
③ 有效观测卫星数≥4 个；
④ 最简异步环变数≤6；
⑤ 点位几何图形强度因子 PDOP≤6；
⑥ 对中要求≤1 mm；
⑦ 天线高至毫米，3 次互差≤1 mm。

二、实施方法与步骤

（1）指导教师制订场地选点，并讲解 GPS 控制测量的记录、技术要求和注意事项。
（2）每组学生根据已知的两个控制点，在测区选点，布设 E 级控制网。
（3）进行控制网观测，并传输数据。
（4）内业数据处理并整理成果。

软件操作方法可参考配套教材。

三、任务报告书

1. 技术设计书编写

2. 记录表（见表 1-5-4、表 1-5-5）

表 1-5-4　GPS 观测时段调度表

接收机编号：　　　　　　观测等级：　　　　　　操作员：

时段	站　位						备注
	1	2	3	4	5	6	
1	☐	☐	☐	☐	☐	☐	
2	☐	☐	☐	☐	☐	☐	
3	☐	☐	☐	☐	☐	☐	
4	☐	☐	☐	☐	☐	☐	
5	☐	☐	☐	☐	☐		
6	☐	☐	☐	☐		☐	补测

表 1-5-5　GPS 现场记录表格

GPS 接收机编号	
观测日期	
点号	
观测等级	
操作员	
仪器高/mm	
观　测　时　段	
1	至
2	至
3	至
4	至
记　事	

续表 1-5-5

GPS 接收机编号	
观测日期	
点号	
观测等级	
操作员	
仪器高/mm	
观 测 时 段	
1	至
2	至
3	至
4	至
记 事	
观 测 时 段	
1	至
2	至
3	至
4	至
记 事	

续表 1-5-5

GPS 接收机编号	
观测日期	
点号	
观测等级	
操作员	
仪器高/mm	
观 测 时 段	
1	至
2	至
3	至
4	至
记　事	
观 测 时 段	
1	至
2	至
3	至
4	至
记　事	

3. 成果报告书

数据处理方法可参见配套教材,成果报告书中附上相应的数据处理成果表。

任务 2.1　四等水准控制测量

一、任务安排

项目 2	高程控制测量
任务 2.1	四等水准控制测量
内容	现假设在某施工场地，拟建三栋建筑物，需建立高程控制网，每组同学根据给定的 BM_A 点的高程按四等水准测量完成高程控制点的引测工作。 已知点的高程 $H_{BM_A}=500$ m
分组与仪器工具	每组 4 人，配备自动安平水准仪 1 套，黑红面水准尺 1 对，尺垫 2 只。任务报告书、铅笔、小刀等文具用品自备
目标要求	参考配套教材中的教学目标要求（能力目标、知识目标）
限差要求	可参见表 2-1-1 和表 2-1-2
注意事项	1. 一个测站观测完毕，应立即计算，只有各项限差都符合要求后，才能进行下一个测站的观测； 2. 双面水准尺的尺常数应记清，其中一根为 4.687，另一根为 4.787，迁站时，应注意两根尺子的顺序不能颠倒； 3. 四等水准测量的观测顺序为：后—后—前—前

表 2-1-1　四等水准测量主要技术要求（一）

等级	水准仪的型号	视线长度/m	前后视较差/m	前后视累积差/m	视线离面最低高度/m	黑面、红面读数较差/mm	黑面、红面所测高差之差/mm
四等	DS3	100	5	10	0.2	3.0	5.0

表 2-1-2　四等水准测量主要技术要求（二）

等级	每千米高差全中误差/mm	路线长度/km	水准仪型号	水准尺	观测次数		往返较差、附和或环线闭合差	
					与已知点联测	附和或环线	平地/mm	山地/mm
四等	10	≤16	DS3	双面	往返各一次	往一次	$20\sqrt{L}$	$6\sqrt{n}$

二、实施方法与步骤

（1）观测前，指导教师讲解水准尺的分划注记，观测顺序及主要技术要求。

（2）指导教师给定已知点，学生根据测区情况布设待定点，构成闭合水准路线。

（3）观测方法与记录。

四等水准测量每站的观测顺序和记录参见主教材表 2-1-3，括号中数字 1~8 号代表观测记录顺序，9~18 号为计算的顺序与记录位置。

① 照准后视水准尺黑面，读取上、下、中三丝读数，填入编号（1）、（2）、（3）栏。

② 将水准尺翻转为红面，后视水准尺红面，读取中丝读数，填入编号（4）栏。

③ 前视水准尺的黑面，读取上、下、中三丝读数，填入（5）、（6）、（7）栏。

④ 将水准尺翻转为红面，前视水准尺红面，读取中丝读数（8）栏。

（4）计算与检核。

测站上的计算与检核。

① 视距计算。

根据视线水平时的视距计算原理（上丝 − 下丝）×100 计算前、后视距离。

后视距离　　　　(9) = (1) − (2)

前视距离　　　　(10) = (5) − (6)

前后视距差　　　(11) = (9) − (10)，前后视距离差不超过 5 m。

前后视距累计差　本站(12)=上一个测站(12)+本测站(11)，前后视距累计差不超过 10 m。

② 同一水准尺黑、红面读数差计算（$K_7 = 4.687$、$K_8 = 4.787$）。

$$(13) = (3) + K − (4)$$

$$(14) = (7) + K − (8)$$

同一水准尺黑、红面读数差不超过 3mm。

③ 高差计算与检核。

黑面尺所测的高差　　(15) = (3) − (7)

红面尺所测的高差　　(16) = (4) − (8)

黑、红面所得高差之差检核计算

$$(17) − (15)　(16) \pm 0.100 − (13) − (14)$$

上式中的 ± 0.100 为两水准尺常数 K 之差。黑、红面所得高差之差不超过 5 mm。

④ 计算平均高差。

$$(18) = \frac{1}{2}[(15) + (16) \pm 0.100]$$

每页的计算和检核。

① 总视距计算与检核。

$$本页末站(12) = \sum(9) − \sum(10)$$

$$本页总视距 = \sum(9) + \sum(10)$$

② 总高差的计算和检核。

当测站数为偶数时：

$$总高差 = \sum(18) = \frac{1}{2}\left[\sum(15) + \sum(16)\right] = \frac{1}{2}\left\{\sum[(3)+(4)] - \sum[(7)+(8)]\right\}$$

当测站数为奇数时：

$$总高差 = \sum(18) = \frac{1}{2}\left[\sum(15) + \sum(16) \pm 0.100\right]$$

（5）待定点高程计算。可利用手工或软件处理数据，软件操作方法可参考配套教材。

三、任务报告书

1. 技术设计书编写

2. 记录计算表（见表2-1-3）

表2-1-3　四等水准测量记录计算表

时间：　　　年　　月　　日　　　　　　天气：　　　　　　　　成像：
仪器及编号：　　　　　　　　　　　　　观测者：　　　　　　　记录者：

测站编号	后尺 上丝 / 下丝 / 后视距/m / 视距差 d/m	前尺 上丝 / 下丝 / 前视距/m / $\sum d$/m	方向及尺号	标尺读数/m 黑面	标尺读数/m 红面	黑+K－红 /mm	高差中数/m	备注
			后					
			前					
			后—前					
			后					
			前					
			后—前					
			后					
			前					
			后—前					
			后					K为水准尺常数，已知点的高程为500 m
			前					
			后—前					
			后					
			前					
			后—前					
			后					
			前					
			后—前					
			后					
			前					
			后—前					

续表 2-1-3

测站编号	后尺 上丝 下丝 后视距/m 视距差 d/m	前尺 上丝 下丝 前视距/m ∑d/m	方向及尺号	标尺读数/m		黑+K-红 /mm	高差中数/m	备 注
				黑面	红面			
			后					
			前					
			后—前					
			后					
			前					
			后—前					
			后					K 为水准尺常数，已知点的高程为 500 m
			前					
			后—前					
			后					
			前					
			后—前					
			后					
			前					
			后—前					

计算结果说明	采用平差易软件完成计算： 高差闭合差 f_h= 　　限差 F_h= 精度评定：

3. 技术总结的编写

任务 2.2　二等水准控制测量

一、任务安排

项目 2	高程控制测量
任务 2.2	二等水准控制测量
内容	某一栋建筑物周围有 A、B、C、D、E 5 个点，其中 A 点高程为 $H_{BMA}=500\ \text{m}$，现有一台精密水准仪以及配套设备，试选定合理的布设路线，通过二等水准测量得到其他 4 个点的高程。
分组与仪器工具	每组 6 人，配备精密水准仪 1 台，铟钢水准尺 1 对，脚架 1 个，尺垫 2 只。任务报告书、水准尺扶杆四只、铅笔、小刀等文具用品自备
目标要求	参考配套教材中的教学目标要求知识目标和能力目标)
限差要求	可参见表 2-2-1、表 2-2-2 和表 2-2-3
注意事项	1. 在两相邻测站上，应按奇偶数测站的观测程序进行观测，且往测和返测奇偶站观测顺序相反； 2. 仪器距离前、后视水准标尺的距离应尽量相等，一测站前、后视距差应小于 1.0 m，前、后视距累积差应小于 3 m； 3. 每一测段的测站数均应为偶数； 4. 每一测站前后视观测不得重复调焦； 5. 水准测量的观测工作间歇时，最好能结束在固定的水准点上

表 2-2-1　测站观测限差

等级	上下丝读数平均值与中丝读数之差/mm		基辅分划读数差/mm	基辅分划所测高差之差/mm	检测间歇点高差的差/mm
	0.5 cm 刻划标尺	1 cm 刻划标尺			
一等	1.5	3.0	0.3	0.4	0.7
二等	1.5	3.0	0.4	0.6	1.0

表 2-2-2　水准测量的主要技术要求

等级	仪器类型	视线长度		前后视距差		任一测站前后视距差累积		视线高度		数字水准仪重复测量次数
		光学	数字	光学	数字	光学	数字	光学	数字	
一等	DSZ05 DS05	≤30	≥4 且 ≤30	≤0.5	≤1.0	≤1.5	≤3.0	≥0.5	≤2.80 且 ≥0.65	≥3 次
二等	DSZ1 DS1	≤50	≥3 且 ≤50	≤1.0	≤1.5	≤3.0	≤6.0	≥0.3	≤2.80 且 ≥0.55	≥2 次

表 2-2-3　水准测量的主要技术要求

等级	测段、区段、路线往返测高差不符值/mm	附和路线闭合差/mm	环闭合差/mm	检测已测测段高差之差/mm
一等	$1.8\sqrt{k}$	—	$\pm 2\sqrt{F}$	$\pm 6\sqrt{R}$
二等	$4\sqrt{k}$	$\pm 4\sqrt{L}$	$\pm 4\sqrt{F}$	$\pm 6\sqrt{R}$

二、实施方法与步骤

（1）观测前，指导教师讲解精密仪和水准尺的使用方法，观测顺序及主要技术要求。

（2）指导教师给定已知点，学生根据测区情况布设待定点，构成闭合水准路线。

（3）观测方法与记录。

二等水准测量每站的观测顺序如下：

往测：奇数测站照准水准标尺分划的顺序为后—前—前—后，偶数测站照准水准标尺分划的顺序为前—后—后—前。

返测：奇数测站照准水准标尺分划的顺序为前—后—后—前，偶数测站照准水准标尺分划的顺序为后—前—前—后。

现以往测奇数站为例，观测方法如下，记录见表 2-2-4，括号中数字 1~8 号代表观测记录顺序，9~18 号为计算的顺序与记录位置。

① 照准后视尺基本分划，读取上、下、中三丝读数，填入编号（1）、（2）、（3）栏；

② 照准前视水准尺的基本分划，读取中、上丝、下丝三丝读数，填入（4）、（5）、（6）栏；

③ 照准前视水准尺辅助分划，读取中丝读数（7）栏；

④ 照准后视水准尺辅助分划，读取中丝读数，填入编号（8）栏。

（4）计算与检核。现以往测奇数测站为例加以说明。

① 视距部分的计算。

$$(9) = (1) - (2)$$
$$(10) = (5) - (6)$$
$$(11) = (9) - (10)$$
$$(12) = (11) + (前站(12))$$

② 高差部分的计算与检核。

$$(14) = (3) + K - (8)$$

式中，K 为基辅差（对于 N_3 水准标尺而言 $K = 3.015\,5\,\text{m}$）

$$(13) = (4) + K - (7)$$
$$(15) = (3) - (4)$$
$$(16) = (8) - (7)$$
$$(17) = (14) - (13) = (15) - (16)\ 检核$$

$$(18) = \frac{1}{2}[(15) + (16)]$$

（5）平差计算。利用软件处理数据，软件操作方法可参考配套教材。

二、任务报告书

1. 技术设计书编写

2. 记录计算表（见表2-2-4）

表 2-2-4　二等水准测量记录表

测站编号	后尺 上丝	前尺 上丝	方向及尺号	标尺读数/m		基+K-辅 /mm	高差中数/m
	下丝	下丝					
	后视距/m	前视距/m		基本分划	辅助分划		
	视距差 d/m	∑d /m					
	（1）	（5）	后	（3）	（8）	（14）	
	（2）	（6）	前	（4）	（7）	（13）	（18）
	（9）	（10）	后—前	（15）	（16）	（17）	
	（11）	（12）					
			后				
			前				
			后—前				
			后				
			前				
			后—前				
			后				
			前				
			后—前				
			后				
			前				
			后—前				
			后				
			前				
			后—前				
			后				
			前				
			后—前				

续表 2-2-4

测站编号	后尺 上丝 下丝	前尺 上丝 下丝	方向及尺号	标尺读数/m		基+K-辅 /mm	高差中数/m
	后视距/m	前视距/m		基本分划	辅助分划		
	视距差 d/m	∑d/m					
			后				
			前				
			后-前				
			后				
			前				
			后-前				
			后				
			前				
			后-前				
			后				
			前				
			后-前				
			后				
			前				
			后-前				
			后				
			前				
			后-前				
			后				
			前				
			后-前				

3. 成果表（见表2-2-5）

表 2-2-5　二等水准测量计算表

序号	点号	往测平距/km	返测平距/km	平均距离/km	往测高差/m	返测高差/m	平均高差/m	往返测不符值/mm	往返测不符值限差 $4\sqrt{L}$ /mm	高程/m

注：数据处理方法参见教材

3. 技术总结报告的编写

任务 2.3 三角高程控制测量

一、任务安排

项目 2	高程控制测量
任务 2.3	三角高程控制测量
内容	已知某一栋建筑物周围有 4 个点 A、B、C、D,其中 A 点高程 $H_A = 500$ m,并通过四等水准测量得到其他 4 个点的高程,试采用四等三角高程测量的方法对其进行复测
分组与仪器工具	每组 5 人,配备全站仪 1 台,带基座的棱镜 1 套,脚架 2 个,卷尺 1 把,备用电池 1 块。任务报告书、铅笔、小刀等文具用品自备
目标要求	参考配套教材中的教学目标要求(知识目标和能力目标)
限差要求	可参见表 2-3-1 和表 2-3-2
注意事项	1. 测量之前要检验仪器的指标差; 2. 采用对向观测的方法进行观测; 3. 增加竖直角的测回数,可以提高测角精度; 4. 往返的间隔时间应尽可能缩短,使往返测的气象条件大致相同,这样才会有效地抵消大气折光的影响; 5. 量距和测角应选择在较好的自然条件下观测,避免在大风、大雨、雨后初晴等折光影响较大的情况下观测。成像不清晰、不稳定时应停止观测

表 2-3-1 电磁波测距三角高程测量的主要技术要求

等级	垂直角观测				边长观测	
	仪器精度等级	测回数	指标差较差/″	测回较差/″	仪器精度等级	观测次数
四等	2″级仪器	3	≤7″	≤7″	10 mm 级仪器	往返各一次

表 2-3-2 电磁波测距三角高程测量主要技术要求

等级	每千米高差全中误差/mm	边长/km	观测方式	对向观测高差较差/mm	附和或环线闭合差/mm
四等	10	≤1	对向观测	$40\sqrt{D}$	$20\sqrt{\sum D}$

二、实施方法与步骤

指导教师讲解三角高程测量的观测方法、技术要求及注意事项。

（1）指导教师给定已知点，学生根据测区情况布设待定点，构成闭合路线。
（2）利用对向观测的方法观测每个测段的高差。
（3）内业平差计算，得到待定点的高程。
利用软件处理数据，具体操作方法可参见配套教材。

三、任务报告书

1. 技术设计书编写

2. 记录计算表（见表2-3-3）

表2-3-3　全站仪三角高程测量记录表

测站仪器高气温/°C	测回数	测点棱镜高/m	盘位	竖直度盘		斜距/m	平距/m	仪器高与目标高之差/m	初算高差/m	高差平均差/m
				竖盘读数/(° ′ ″)	指标差/(″)					
1	2	3	4	5	6	7	8	9	10	11
			左							
			右							
			左							
			右							
			左							
			右							
			左							
			右							
			左							
			右							
			左							
			右							
			左							
			右							
			左							
			右							
			左							
			右							
			左							
			右							

续表 2-3-3

测站仪器高气温/°C	测回数	测点棱镜高/m	盘位	竖直度盘		斜距/m	平距/m	仪器高与目标高之差/m	初算高差/m	高差平均差/m
				竖盘读数/(° ′ ″)	指标差/(″)					
1	2	3	4	5	6	7	8	9	10	11
			左							
			右							
			左							
			右							
			左							
			右							
			左							
			右							
			左							
			右							
			左							
			右							
			左							
			右							
			左							
			右							
			左							
			右							
			左							
			右							
			左							

续表 2-3-3

测站仪器高气温/°C	测回数	测点棱镜高/m	盘位	竖直度盘		斜距/m	平距/m	仪器高与目标高之差/m	初算高差/m	高差平均差/m
				竖盘读数/(° ′ ″)	指标差/(″)					
1	2	3	4	5	6	7	8	9	10	11
			左							
			右							
			左							
			右							
			左							
			右							
			左							
			右							
			左							
			右							
			左							
			右							
			左							
			右							
			左							
			右							
			左							
			右							
			左							
			右							
			左							

3. 成果表（见表 2-3-4、表 2-3-5）

表 2-3-4　高差观测值平差成果表

起点	终点	观测高差 /m	改正数 /mm	平差值 /m	精度 /mm	距离 /km

表 2-3-5　高程平差值和精度成果表

点号	高程/m	精度/mm
辅助说明		

4. 技术总结编写

参考文献

[1] 张福荣. 工程测量技术与应用实训[M]. 2版. 成都：西南交通大学出版社，2013.
[2] 中华人民共和国建设部，中华人民共和国国家质量监督检验检疫总局. 工程测量规范（GB 50026—2007）[S]. 北京：中国计划出版社，2008.
[3] 林玉祥. 控制测量实训指导书[M]. 北京：测绘出版社，2010.